Ernst Probst

Hanna Schygulla. Der deutsche Weltstar

GRIN Verlag

Bibliografische Information der Deutschen Nationalbibliothek:

Die Deutsche Bibliothek verzeichnet diese Publikation in der Deutschen National-
bibliografie; detaillierte bibliografische Daten sind im Internet über http://dnb.d-
nb.de/ abrufbar.

Impressum:

Copyright © 2012 GRIN Verlag, Open Publishing GmbH
Druck und Bindung: Books on Demand GmbH, Norderstedt Germany
ISBN: 978-3-656-15942-1

Dieses Buch bei GRIN:

http://www.grin.com/de/e-book/190886/hanna-schygulla-der-deutsche-weltstar

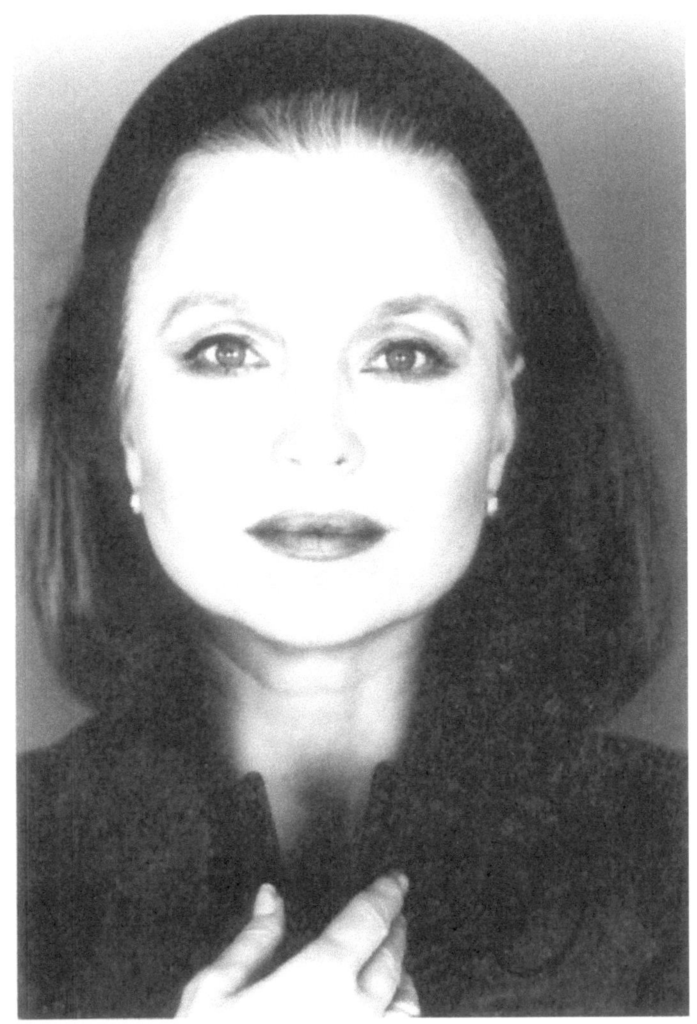

Hanna Schygulla

Ernst Probst

Hanna Schygulla

Der deutsche Weltstar

Beate Werner,
Bernd Werner,
Marianne Werner,
Otto Werner,
Sonja Werner,
Dr. Jochen Werner,
Christine Werner und
Steffen Werner
gewidmet

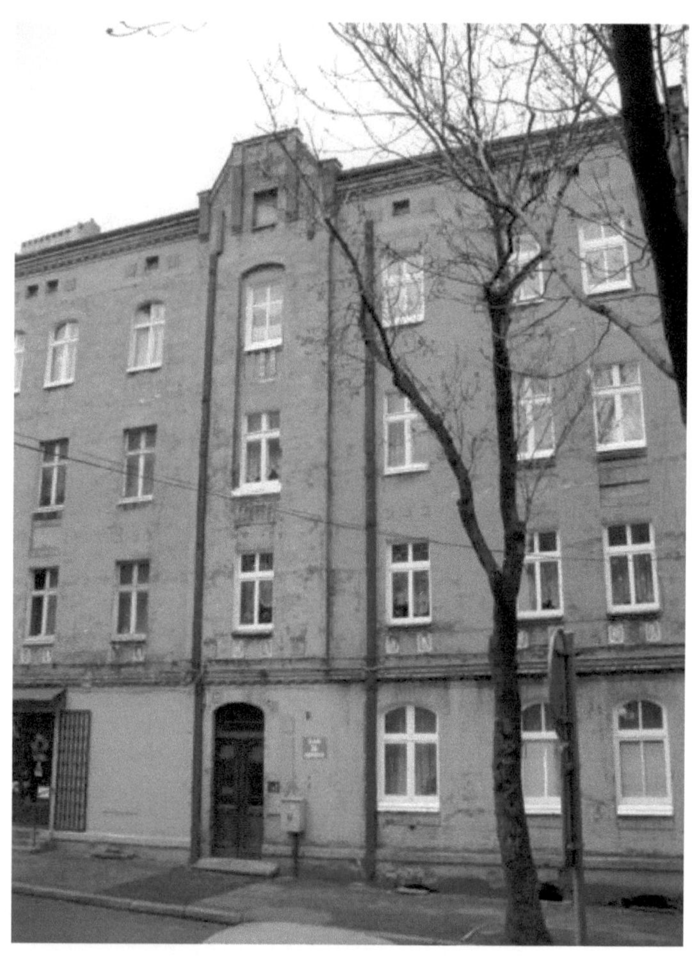

*Geburtshaus von Hanna Schygulla
in Königshütte (Oberschlesien), heute Chorzów in Polen*

Hanna Schygulla

Der deutsche Weltstar

Vom Star des jungen deutschen Films zum deutschen Weltstar entwickelte sich die Schauspielerin Hanna Schygulla. Sie wurde in den 1970-er Jahren vor allem durch ihre Auftritte in Filmen des Regisseurs Rainer Werner Fassbinder (1945–1982) bekannt. Später wirkte sie erfolgreich in zahlreichen internationalen Produktionen mit und begann eine neue künstlerische Karriere als Chansonsängerin.

Hanna Schygulla kam am 25. Dezember 1943 in Königshütte (Oberschlesien), heute Chorzów in Polen, als Tochter des Holzhändlers Joseph Schygulla und seiner Ehefrau Antonie, geborene Mzyk, zur Welt. Ein Arzt hatte ihrer Mutter eine Spritze gegeben, um die Geburt über den Heiligen Abend hinauszuzögern.

Die Mutter erzählte später, diese Geburt sei das Schlimmste gewesen, was sie je erlebt habe. Das Geburtsdrama und der etwas seltsame Umgang der Mutter damit prägten vielleicht indirekt das Wesen des Mädchens, das sich später immer einen Stoß geben musste, um zu reden. Von ihrer Mutter erhielt die Neugeborene in letzter Minute den Vornamen Hanna, weil eine Bekannte von ihr so hieß.

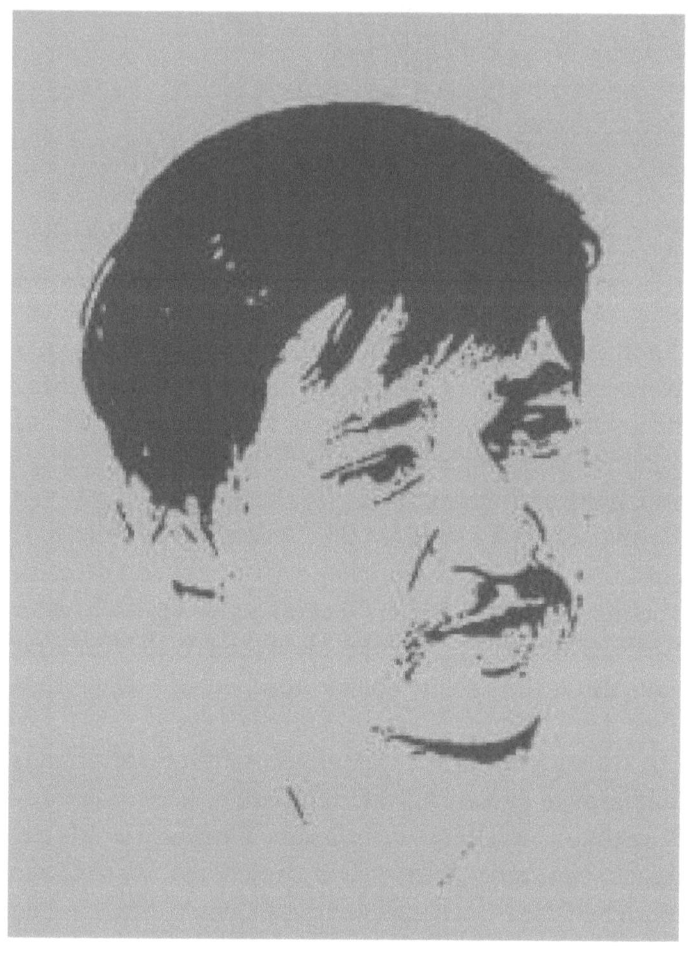

Rainer Werner Fassbinder (1945–1982)

1945 zog die Mutter mit der kleinen Hanna in die bayerische Landeshauptstadt München. Der Vater kehrte erst 1948 völlig verstört aus der russischen Kriegsgefangenschaft zurück, als Hanna vier Jahre alt war. Oft sagte der Vater, das Leben sei gar nichts. In dieser negativen Atmosphäre wuchs Hanna auf. Nach dem Abitur am Luisengymnasium in München arbeitete sie ein Jahr lang als Au-pair-Mädchen in Paris.

Ab 1964 studierte Hanna Schygulla, die ursprünglich Lehrerin werden wollte, Germanistik und Romanistik in München. 1966/1967 nahm sie nebenbei Schauspielunterricht am „Fridl-Leonhard-Studio", wo sie Rainer Werner Fassbinder kennen lernte. Der bisexuelle Regisseur war eines der großen Talente des neuen deutschen Films, schuf markante Produktionen für Bühne, Film und Fernsehen und schockierte nicht selten durch die Wahl seiner Themen.

Im September 1967 arbeitete Hanna Schygulla am Münchner „Action-Theater", das im Juni 1968 aus „feuerpolizeilichen" Gründen geschlossen wurde. Nach Meinung des Ensembles geschah dies aus politischen Gründen. Daraufhin gründete ein Teil der Gruppe – darunter Hanna Schygulla, Peer Raben (1940–2007) und Fassbinder – das „antitheater" in München. Dort wirkte Hanna in der Bearbeitung des Stückes „Antigone" von Raben als eine von vier Antigones mit.

Auf der Kinoleinwand war Hanna Schygulla erstmals in dem Kurzfilm „Der Bräutigam, die Komödiantin und der Zuhälter" (1968) von Jean-Marie Straub zu sehen. Dann folgten unter anderem die Streifen „Jagdszenen aus Niederbayern" (1969) von Peter Fleischmann, „Liebe ist kälter als der Tod" (1969), „Katzelmacher" (1969), „Das Kuckucksei im Gangsternest" (1969), „Der Räuber Mathias Kneißl" (1970) und „Götter der Pest" (1970) von Rainer Werner Fassbinder.

1970 erhielt die viel versprechende Nachwuchsdarstellerin das „Filmband in Gold" für „Liebe ist kälter als der Tod", „Katzelmacher" und „Götter der Pest". Im Schwarz-Weiß-Film „Katzelmacher" spielte sie die Rolle der Marie so lebendig, dass man meinte, sie in Farbe zu sehen. Ein weiteres „Filmband in Gold" nahm sie für „Der Räuber Mathias Kneissl" (1970) und den Western „Whity" (1971) entgegen.

Von ihren Eltern wurde Hanna Schygulla bei ihrer künstlerischen Karriere nicht unterstützt. Hanna kann sich nicht daran erinnern, mit den Eltern zusammen jemals einen ihrer Filme angeschaut zu haben. Über die Kinokarriere ihrer Tochter waren die Eheleute Schygulla sehr beunruhigt. Schließlich strebte diese nicht mehr den sicheren Lehrerberuf an und hatte zudem mit dem Bürgerschreck Fassbinder zu tun. Später gestand die Mutter aber, früher selbst heimlich von einer Karriere als Schauspielerin geträumt zu haben.

Einem größeren Publikum in Deutschland wurde Hanna Schygulla in der fünfteiligen Fernsehserie „Acht

Stunden sind kein Tag" (1972) von Fassbinder bekannt. Außerdem sah man sie in den TV-Filmen „Bremer Freiheit" (1972), „Haus am Meer" (1973) und „Wildwechsel" 1973. Den ersten gemeinsamen Kassenerfolg mit Fassbinder erreichte sie mit dem Kinofilm „Fontane Effi Briest" (1974).

Während man Hanna Schygulla in Deutschland noch als „Superstar der Subkultur" bezeichnete, feierte man sie im Ausland bereits als „Vorstadt-Marilyn". Marilyn Monroe (1926–1962) war Amerikas größter Filmstar. Von 1974 bis 1977 stand Hanna für zahlreiche Filme anderer Regisseure vor der Kamera: etwa in „Falsche Bewegung" (1974/1975) von Wim Wenders (1975 „Filmband in Gold") und „Ansichten eines Clowns" (1975) von Vojtech Jasný.

Hanna Schygullas erster großer internationaler Erfolg war der Streifen „Die Ehe der Maria Braun" (1978) von Fassbinder. Dafür erhielt sie 1979 das „Filmband in Gold" und wurde im selben Jahr bei der „Berlinale" als beste weibliche Darstellerin mit dem „Silbernen Bären" ausgezeichnet. „Die Ehe der Maria Braun" lief wochenlang in New Yorker Kinos. Ein Kritiker jubelte: „Sie ist das ungewöhnlichste Ding, das seit Marlene Dietrich auf uns zugekommen ist". Auf Filmangebote aus Hollywood ging Hanna aus privaten Gründen nicht ein. 1979 trat sie an den „Münchner Kammerspielen" auf. 1980 spielte Hanna Schygulla die Hauptrolle in Fassbinders Film „Lili Marleen" Er schildert das Leben

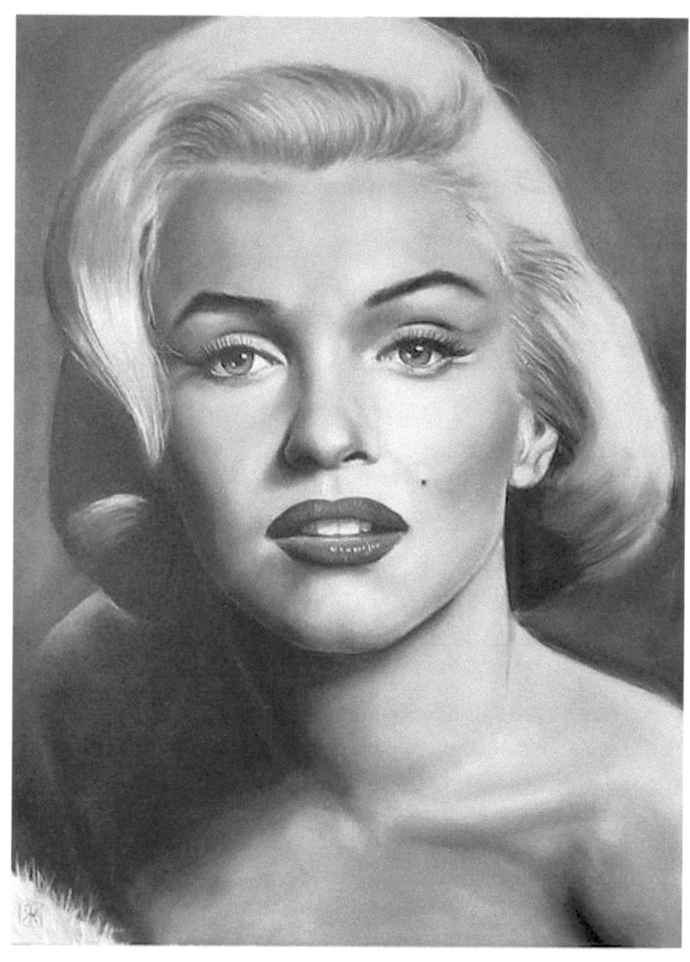

Marilyn Monroe (1926–1962),
Ölgemälde von Ralf Krampe aus dem Jahre 2005

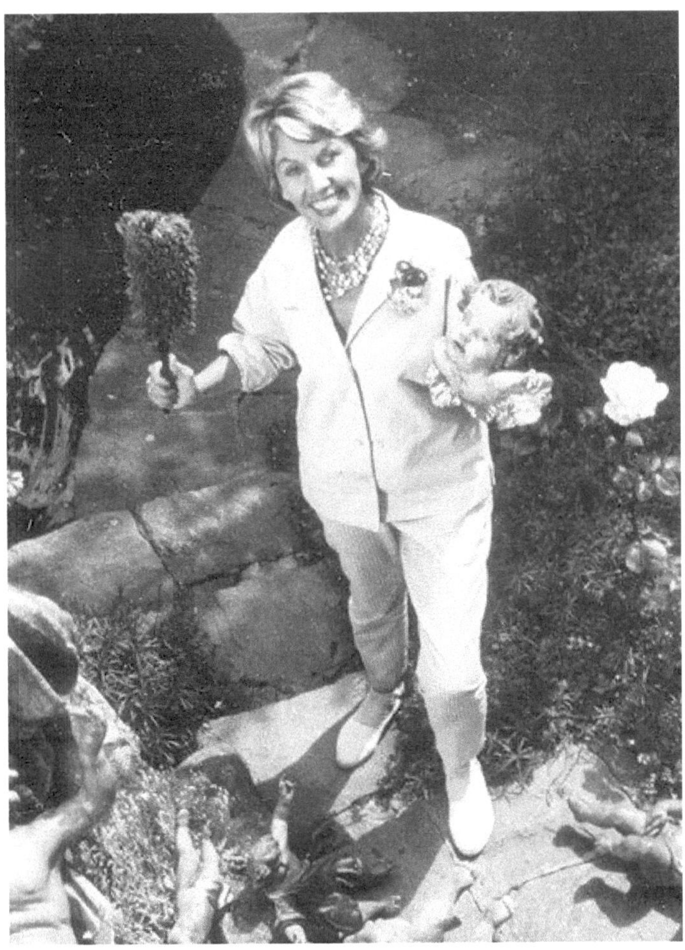

Lale Andersen (1908–1972),
Privatfoto um 1951

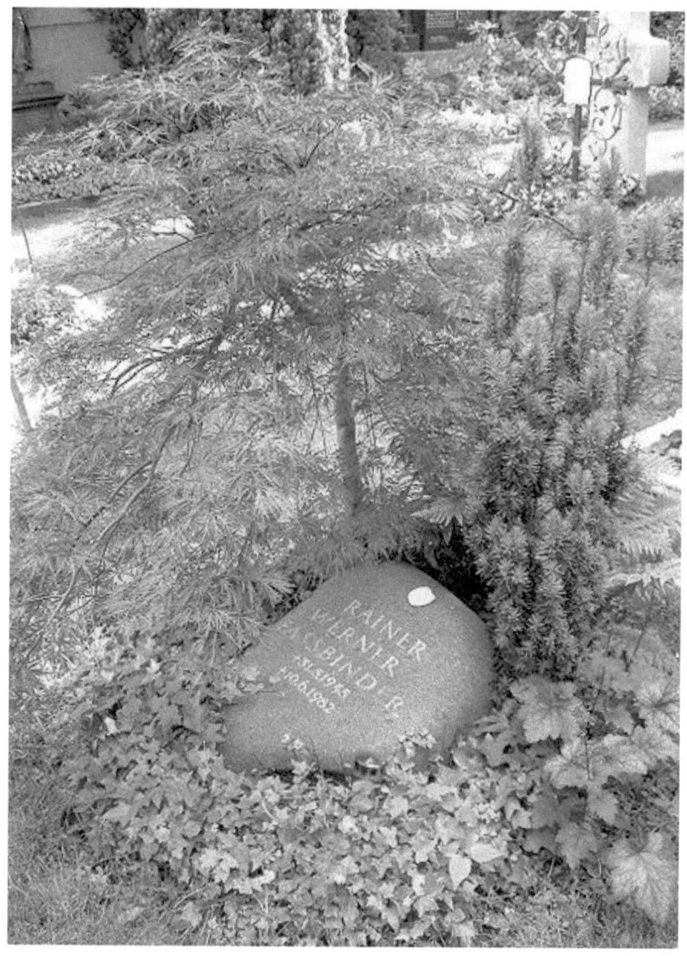

*Grab von Rainer Werner Fassbinder
auf dem Friedhof in Bogenhausen*

der legendären deutschen Chansonsängerin und Schauspielerin Lale Andersen (1905–1972), die mit dem Schlager „Lili Marleen" zum Star der national-sozialistischen Unterhaltungsindustrie avancierte.

Nach dem Tod von Rainer Werner Fassbinder wirkte Hanna Schygulla in den 1980-er Jahren erfolgreich in französischen, italienischen und amerikanischen Filmen mit. Man sah sie in „Die Flucht nach Varennes" (1982) von Ettore Scola, „Passion" (1982) von Jean-Luc Godard, „Antonieta" (1982) von Carlos Saura, „Die Geschichte der Piera" (1983) und „Die Zukunft heißt Frau" (1984) von Marco Ferreri, „Heller Wahn" (1983) von Margarethe von Trotta sowie „Eine Liebe in Deutschland" (1983) von Andrej Wajda.

Weil sie in „Passion" zusammen mit Michael Piccoli ein Hotel führte, ließ sie der Regisseur Jean-Luc Godard in einer Autobahntankstelle die Espressomaschine bedienen. „Jeden Tag sollten wir unsere Erfahrungen aufschreiben, und er hat sie dann eingesammelt", erzählte sie später belustigt. Leider sei Godard immer chronisch unzufrieden mit sich und allem gewesen, bedauerte sie.

Bei den Filmfestspielen in Cannes wurde Hanna Schygulla 1983 für ihre Rolle in „Die Geschichte der Piera" ausgezeichnet. 1984 erhielt die „Frau des Jahres" einen „Bambi". 1984/1985 beteiligte sie sich in dem amerikanischen Fernseh-Mehrteiler „Peter the Great" („Peter der Große") erstmals an einer amerikanischen

Produktion und mimte die russische Zarin Katharina die Große.

Von der renommierten amerikanischen Tageszeitung „New York Times" wurde Hanna Schygulla als „deutscher Weltstar" gefeiert. „Time-Magazine" bezeichnete sie 1985 als „Europas aufregendste Schauspielerin". Hanna Schygulla ist die einzige deutsche Schauspielerin, die es auf den Titel von „Time-Magazine" geschafft hat. Dies kommentierte sie später in einem Interview mit den Worten: „Ich habe das damals als eine Nummer zu groß empfunden." Das Foto auf dem Titelblatt habe ihr überhaupt nicht gefallen. Man habe ihr etwas ans Kleid gesteckt, das aussah wie ein Orden. Für sie sei es „natürlich schon toll" gewesen, im „Time-Magazine" zu sein. Fassbinder habe sich das sehr für sich gewünscht, aber ihr sei es einfach so zugefallen.

Im Fernsehfilm „Barnum" (1986) über das Leben des amerikanischen Zirkuskönigs Phineas Taylor Barnum (1810–1891) verkörperte Hanna Schygulla die begnadete Sängerin Jenny Lind (1820–1887). Diese machte sich als „schwedische Nachtigall" in der Welt der Musik einen Namen. Ihre umjubelten Auftritte trugen die Züge heutiger Rock-Konzert-Hysterien: Bei ihrem Gesang wurden Damen ohnmächtig und Herren besinnungslos und mussten weggetragen werden..

In den 1990-er Jahren spielte Hanna Schygulla unter anderem in den Filmen „Abrahams Gold" (1990), „Schatten der Vergangenheit" (1991) und „Der Daunenträger" (1992) mit. In ihren Rollen wirkte sie oft wie eine Schlafwandlerin. Ganz da und doch weit weg.

Durch eine Anfrage des deutsch-französischen Fernsehsenders „arte", ob sie für einen Themenabend über den Ersten Weltkrieg (1914–1918) einige Lieder aus dieser Zeit singen möchte, kam Hanna Schygulla zur Musik. Der französische Film- und Theaterkomponist Jean-Marie Sénia, der hierfür das Repertoire erarbeitete, sagte zum Schluss, er habe Lust für sie zu komponieren, sie solle ihm Texte bringen. In der Folgezeit gab sie Liederabende in Theatern und sang Chansons nach Kompositionen von Sénia.

Die 1,65 Meter große Hanna Schygulla ist unverheiratet und lebt seit 1981 in Paris. In einem Interview mit dem Hamburger Nachrichtenmagazin „Der Spiegel" erklärte sie, sie habe bereits als Kind nie von einem Hochzeitskleid oder von einer Familie geträumt. Die ganzen Eheverhältnisse, die sie gesehen habe, seien entweder lau und gewohnheitsmäßig oder nichts als Kampf und Katastrophe gewesen.

1995 verlor Hanna Schygulla ihre Mutter. Antonie Schygulla war etliche Jahre vor ihrem Tod „plötzlich in die Hilflosigkeit des Alters abgestürzt" und wurde von ihrer einzigen Tochter auf diesem schwierigen Weg begleitet. Danach folgte die Hinfälligkeit ihres Vater Joseph Schygulla. Er litt in der letzten Zeit seines Lebens unter Gleichgewichtsstörungen und genoss es sehr, wenn seine Tochter Arm in Arm mit ihm ging. Damals gab es

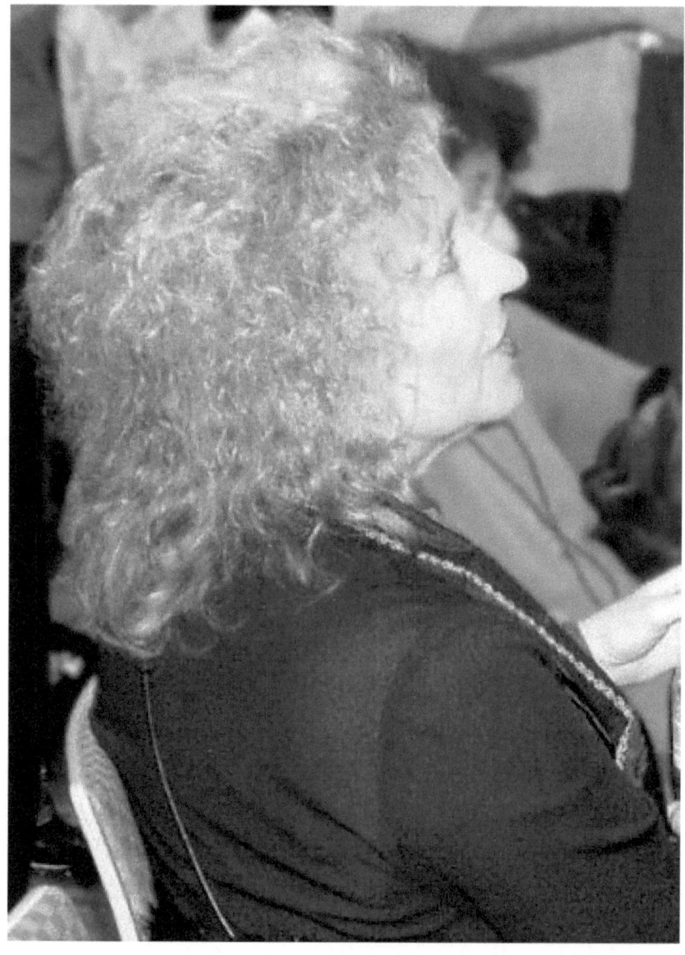

*Hanna Schygulla im Alter von 61 Jahren
im Oktober 2005*

einiges nachzuholen, da er aus dem Zweiten Weltkrieg sehr verstört zurückgekehrt war. Die letzten Jahre mit Hanna zusammen waren die glücklichsten seines Lebens. 2005 starb auch der Vater.

2002 wirkte Hanna Schygulla im „Projekt VB51" der italienischen Performance-Künstlerin Vanessa Beecroft mit. Diese stellt Rauminszenierungen mit weiblichen und männlichen Models als Tableau vor.

Im Dezember 2004 erschien der Bildband „Du ... Augen wie Sterne. Das Hanna Schygulla-Album" von Lothar Schirmer. Dazu haben die Schauspielerin selbst sowie Freunde und Weggefährten Texte und Fotos beigesteuert.

Während des ersten Jahrzehnts des 21. Jahrhunderts arbeitete Hanna Schygulla vor allem mit Filmregisseuren der jüngeren Generation wie Till Franzen in „Die blaue Grenze" (2005), Hans Steinbichler in „Winterreise" (2006) und Fatih Akin in „Auf der anderen Seite" (2007). Letzterer Film erzählt eine ungewöhnliche Liebes- und Familiengeschichte zwischen Deutschen und Türken. Die Schygulla brillierte darin als trauernde Mutter, wurde als „beste Nebendarstellerin" für den „Deutschen Filmpreis 2008" nominiert und gewann in der gleichen Kategorie als erste deutsche Schauspielerin den „National Society of Film Critics Award".

In einem Interview mit „Welt Online" vom 25. September 2007 antwortete Hanna Schygulla offen auf Fragen über Drogen, Rainer Maria Fassbinder und ihre

Bild auf Seite 21:

*Brief des Autors Ernst Probst vom 10. Oktober 1999
an Hanna Schygulla.
Darin dankte er ihr für ein wunderschönes Porträtfoto,
das sie ihm zum Abdruck in seinem Taschenbuch
„Superfrauen 7 – Film und Theater" (2001) geschickt hatte.
Außerdem fragte er sie nach dem Vornamen ihres Vaters
sowie nach dem Vornamen
und Mädchennamen ihrer Mutter.
Diese und andere Fragen wurden von Hanna Schygulla
handschriftlich beantwortet.*

Ernst Probst
Journalist / Autor
Im See 11
55246 Mainz-Kostheim
Telefon 06134/21152
E-Mail ernst.probst@main-rheiner.de

Mainz, 10. Oktober 1999

Sehr geehrte, liebe Frau Schygulla!

Herzlichen Dank für Ihr wunderschönes Porträtfoto zum Abdruck in meinem Buch über

berühmte Frauen! Darüber habe ich mich sehr gefreut.

Wenn es Ihnen recht ist, stelle ich den von Ihnen autorisierten Text über Sie vor der Buch-

veröffentlichung, die frühestens im Herbst 2000 erfolgen kann,

vorab ins Internet. Wenn Sie Zugang zum Internet haben, würde ich Ihnen die Internetadresse

mitteilen, unter der Ihr Porträt zu finden ist - wenn Sie keinen Zugang zum Internet haben,

würde ich Ihnen die Seite ausdrucken und zuschicken.

Sollte es Sie interessieren, wie Sie auf anderen Seiten im Internet vertreten sind,

könnte ich die betreffenden Seiten suchen, ausdrucken und zusenden.

Gerne wüßte ich noch den Vornamen Ihres Vaters sowie den Vornamen und Mädchennamen

Ihrer Mutter.

Mit freundlichen Grüßen, Ihr

Ernst Probst

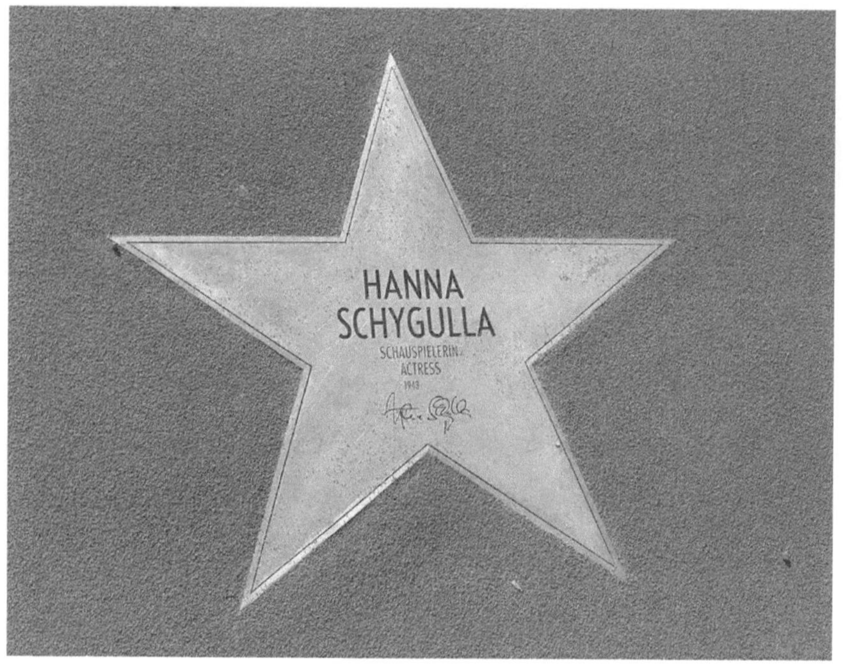

Stern von Hanna Schygulla
auf dem „Boulevard der Stars" in Berlin

Rolle als Sexsymbol. Bei diesem Gespräch erschien Europas aufregendste Schauspielerin der Interviewerin Bettina Aust ruhiger und weiser als früher. Schygulla bezeichnete Fassbinder als sehr getriebenen Menschen, mit dem sie nur eine platonische Beziehung gehabt habe. Sie gestand, manche Droge ausprobiert zu haben, aber energetische Drogen wie Kokain hätten sie nie besonders angezogen. „Mit 64 Jahren könne man kein Sexsymbol mehr sein", erklärte sie und lehnte es ab, sich das Alter wegoperieren zu lassen. Sie flirte gern, aber die Gelegenheiten seien nicht mehr so häufig. Von Eifersucht sei sie nicht geplagt. In ihrem Leben habe es mehrere große Lieben gegeben. Ihr gefielen wilde Typen, die gegen den Strom schwämmen und sie zum Lachen brächten. Gern wäre sie noch einmal jung, um ein Kind zu bekommen, das sie nie bekommen habe.

Bei einem Interview mit der Hamburger Wochenzeitung „Die Zeit" im Februar 2010 in ihrer Pariser Wohnung sprach Hanna Schygulla davon, dass sie etwas verlangsamt rede. Sie erklärte: „Ich habe da etwas in mir, das ganz langsam schwingt, aber auch jäh umschwingen kann. Da sind halt diese seltsamen zwei Geschwindigkeiten in mir". Ihre Zweitexistenz auf der Bühne und im Scheinwerferlicht habe ihre Langsamkeit noch verstärkt. Das sei, wie mit offenen Augen zu träumen. Bei diesem Gespräch verriet sie auch, sie überlege, wieder nach Deutschland zurückzukehren, solange sie noch die Kraft dazu habe.

Zu den vielen Auszeichnungen von Hanna Schygulla kamen 2010 der „Goldene Ehrenbär" und 2011 der „Bayerische Verdienstorden" dazu. Bei der Verleihung des „Goldenen Ehrenbär" am 17. Februar 2010 in Berlin erklärte sie: „Ich lehne es ab, das Alter wegoperieren zu lassen. Eine Frau kann im Alter ihre zweite oder dritte Schönheit entfalten". Bekannt sind auch andere kluge Zitate von ihr wie: „Das Leben ist eine Reise. Je weniger Gepäck man dabei hat, desto mehr Eindrücke kann man mitnehmen." „Die Welt sähe besser aus, wenn die Herrschenden mehr dienen als sich bedienen würden."
Seit dem 10. September 2010 schmückt ein Stern mit dem Namen von Hanna Schygulla den „Boulevard der Stars" in Berlin, der am selben Tag eingeweiht wurde. Mit ihrem Stern auf der Berliner Straße befindet sie sich in guter Gesellschaft von Marlene Dietrich (1901-1992), Hildegard Knef (1925-2002), Romy Schneider (1938-1982), Mario Adorf, Armin Müller-Stahl, Bruno Ganz und Götz George.
Im September 2011 stand Hanna Schygulla für den Film „Faust" des russischen Regisseurs Alexander Sokurow nach Motiven von Johann-Wolfgang von Goethe (1749-1832) vor der Kamera. Dieser Streifen feierte am 19. Januar 2012 in Deutschland Premiere. Darin mimte Hanna eine Frau, die behauptete, mit Mephisto verheiratet zu sein.

Filme von Hanna Schygulla

1968: Der Bräutigam, die Komödiantin und der Zuhälter (Regie: Jean-Marie Straub)
1969: Jagdszenen aus Niederbayern (Regie: Peter Fleischmann)
1969: Liebe ist kälter als der Tod (Regie: Rainer Werner Fassbinder)
1969: Katzelmacher (Regie: Rainer Werner Fassbinder)
1969: Die Revolte (Fernsehfilm, Regie: Reinhard Hauff)
1969: Das Kuckucksei im Gangsternest (Regie: Franz-Josef Spieker)
1970: Der Räuber Mathias Kneißl (Regie: Rainer Hauff)
1970: Baal (Fernsehfilm, Regie: Volker Schlöndorff)
1970: Götter der Pest (Regie: Rainer Werner Fassbinder)
1970: Das Kaffeehaus (Fernsehfilm, Regie: Rainer Werner Fassbinder)
1970: Warum läuft Herr R. Amok? (Regie: Rainer Werner Fassbinder, Michael Fengler)
1970: Die Niklashauser Fart (Fernsehfilm, Regie: Rainer Werner Fassbinder, Michael Fengler)
1971: Rio das Mortes (Fernsehfilm, Regie: Rainer Werner Fassbinder)

1971: Pioniere in Ingolstadt (Fernsehfilm, Regie:
Rainer Werner Fassbinder)
1971: Whity (Regie: Rainer Werner Fassbinder)
1971: Warnung vor einer heiligen Nutte (Regie:
Rainer Werner Fassbinder)
1971: Jakob von Gunten (Fernsehfilm, Regie: Peter
Lilienthal)
1971: Händler der vier Jahreszeiten (Regie: Rainer
Werner Fassbinder)
1971: Die Ahnfrau – Oratorium nach Franz
Grillparzer (Fernsehfilm, Regie: Peer Raben)
1972: Die bitteren Tränen der Petra von Kant (Regie:
Rainer Werner Fassbinder)
1972: Bremer Freiheit: Frau Geesche Gottfried – ein
bürgerliches Trauerspiel (Fernsehfilm)
1972–1973: Acht Stunden sind kein Tag
(Fernsehreihe, Regie: Rainer Werner Fassbinder)
1973: Haus am Meer (Regie: Reinhard Hauff)
1973: Wildwechsel (Fernsehfilm, Regie: Rainer
Werner Fassbinder)
1974: Fontane – Effi Briest (Regie: Rainer Werner
Fassbinder)
1974/1975: Falsche Bewegung (Regie: Wim Wenders)
1975: Der Katzensteg (Fernsehfilm, Regie: Peter
Meincke)
1976: Der Stumme (Regie: Gaudenz Meili)
1975: Ansichten eines Clowns (Regie: Vojtech Jasný)
1977: Die Dämonen (Fernseh-Miniserie)

1978: Silvesternacht – Ein Dialog (Regie: Hajo Gies, Douglas Sirk)

1978: Die Ehe der Maria Braun (Regie: Rainer Werner Fassbinder)

1979: Die dritte Generation (Regie: Rainer Werner Fassbinder)

1979: Die große Flatter (Fernseh-Miniserie, Regie: Marianne Lüdcke)

1980: Berlin Alexanderplatz (Fernseh-Miniserie)

1980: Lili Marleen (Regie: Rainer Werner Fassbinder)

1980: Die Fälschung (Regie: Volker Schlöndorff)

1982: Die Flucht nach Varennes (Regie: Ettore Scola)

1982: Passion (Regie: Jean-Luc Godard)

1982: Antonieta (Regie: Carlos Saura)

1983: Die Geschichte der Piera (Regie: Marco Ferreri)

1983: Heller Wahn (Regie: Margarethe von Trotta)

1983: Eine Liebe in Deutschland (Regie: AndrzejmWaida)

1984: L'aide-mémoire (Fernsehfilm)

1984: Die Zukunft heißt Frau (Regie: Marco Ferreri)

1986: Peter the Great (Fernseh-Miniserie, Regie: Marvin J. Chomski, Lawrence)

1986: The Delta Force (Regie: Menaheim Golan)

1986: Barnum (Fernsehfilm, Regie: Lee Philips)

1987: Casanova (Fernsehfilm: Regie: Simon Langton)

1987: Forever, Lulu (Regie: Amos Kollek)

1988: Miss Arizona (Regie: Pál Sándor)

1989: El verano de la señora Forbes (Fernsehfilm, Regie: Jaime Humberto Hermosillo)

1990: Abrahams Gold (Regie: Jörg Graser)
1990: Aventure de Catherine C. (Regie: Pierre Beuchot)
1991: Schatten der Vergangenheit (Regie: Kenneth
Branagh)
1992: Me alquilo para soñar (Fernseh-Miniserie)
1992: Gibellina, Metamorphosis of a Melody (Regie:
Amos Gitai)
1992: Golem, l'esprit de l'exil (Regie: Amos Gitai)
1992: Der Daunenträger (Regie: Janusz Kijowski)
1992: Golem, le jardin pétrifié (Regie: Amos Gitai)
1993: Madame Bäurin (Regie: Franz Xaver Bogner)
1993: Das blaue Exil (Regie: Erden Kiral)
1993: Monologues (Fernsehserie)
1994: Hey Stranger (Regie: Peter Woditsch)
1994: Die kleinen Freuden des Lebens (Regie: Michel
Deville)
1994: Le bel horizon (Fernsehfim, Regie: Charles L.
Bitsch)
1995: Hundert und eine Nacht – Die Träume des M.
Cinema (Regie: Ágnes Varda)
1995: Association de bienfaiteurs (Fernseh-Miniserie)
1995: Pakten – The Sunset Boys (Regie: Leidulv Risan)
1996. Milim (Regie: Amos Gitai)
1996: Lea (Regie: Ivan Fíla)
1998: Angelo nero (Regie: Roberto Rocco)
1998: Das Mädchen deiner Träume (Regie: Fernando
Trueba)
1998: Black Out p.s. Red Out (Regie: Menelaos
Karamaghiolis)

1999: Hanna Schygulla Sings (Regie: Andreas Morell)
2000: Die Werckmeisterschen Harmonien (Regie: Béla Tarr, Ágnes Hranitzki)
2000: Für mich gab's nur noch Fassbinder
2001: Suche orientalischen Mann (Fernsehfilm, Regie: Hiner Saleem)
2005. Promised Land (Regie: Amor Gitai)
2005: Die blaue Grenze (Regie: Till Franzen)
2005: Vendredi ou un autre jour (Regie: Yvan Le Maine)
2006: Winterreise (Regie: Hans Steinbichler)
2006: Das unreine Mal (Fernsehfilm, Regie: Thomas Freundner)
2007: Auf der anderen Seite (Regie: Fatih Akin)
2008. Komissar Stolberg (Fernsehserie)
2009: Pandemia (Regie: Lucio Fiorentino)
2009: Clara, une passion, française (Fernsehfilm, Regie: Sébastien Grall)
2011: Faust (Regie: Alexander Sokurow)

Quelle: Wikipedia und Internet Movie Database

Auszeichnungen von Hanna Schygulla

1970: Schwabinger Kunstpreis
1970: Filmband in Gold (Darstellung) für „Liebe ist kälter als der Tod", „Katzelmacher" und „Götter der Pest" im Ensemble
1971: Filmband in Gold (Darstellerin) für „Whity" und „Der Räuber Mathias Kneißl"
1975: Filmband in Gold (Darstellung) für „Falsche Bewegung" im Ensemble
1979: Silberner Bär auf der Berlinale 1979 (Darstellerin) für „Die Ehe der Maria Braun"
1979: Filmband in Gold (Darstellerin) für „Die Ehe der Maria Braun"
1983: Internationale Filmfestspiele von Cannes 1983 (Beste Darstellerin) für „Die Geschichte der Piera"
1983: David di Donatello für „Die Geschichte der Piera"
1984: Bambi (Frau des Jahres)
1987: Verdienstkreuz 1. Klasse der Bundesrepublik Deutschland
2000: DIVA-Award
2005: Preis für Schauspielkunst beim Festival des deutschen Films

2005: Ehrenpreis des Hessischen Ministerpräsidenten
für besondere Leistungen im Film- und TV-Bereich
2007: 44. Filmfestival in Antalya (Ehrenpreis)
2007: 21. Internationales Filmfest Braunschweig:
Europäischer Schauspielpreis Die Europa
2008: Beste Schauspielerin auf dem 10. RiverRun
International Film Festival in Winston-Salem, North
Carolina für „Auf der anderen Seite"
2009: National Society of Film Critics Award als
Beste Nebendarstellerin für „Auf der anderen Seite"
2010: Goldener Ehrenbär
2010: Stern auf dem Boulevard der Stars in Berlin
2011: Bayerischer Verdienstorden

Quelle: Wikipedia

Literatur

DER SPIEGEL: „Wie eine Peep-Show". Die Schauspielerin Hanna Schygulla über ihre Karriere, die Autorin Elfriede Jelinek und den Geschlechterkampf, S. 152–153, 8. Juli 1996, Hamburg
FEMBIO Frauen-Biographie-Forschung
http://www.fembio.org
PROBST, Ernst: Superfrauen 7 – Film und Theater, Mainz-Kostheim 2001
PUBLIKUMSLIEBLINGE NICHT NUR VON GESTERN http://www.steffi-line.de
Internetseite von Stephanie D'heil, Düsseldorf
INTERNET MOVIE DATABASE
(Internet-Filmdatenbank)
http://www.imdb.com
SCHIRMER, Lothar (Hrsg.): Du ... Augen wie Sterne. Das Hanna Schygulla Album, München 2004
SCHYGULLA, Hanna: Hanna Schygulla. Bilder aus Filmen von Rainer Werner Fassbinder. Mit einem autobiographischen Text von Hanna Schygulla und einem Beitrag von Rainer Werner Fassbinder, München 1981
WIKIPEDIA (Online-Lexikon) http://wikipedia.org

Bildquellen

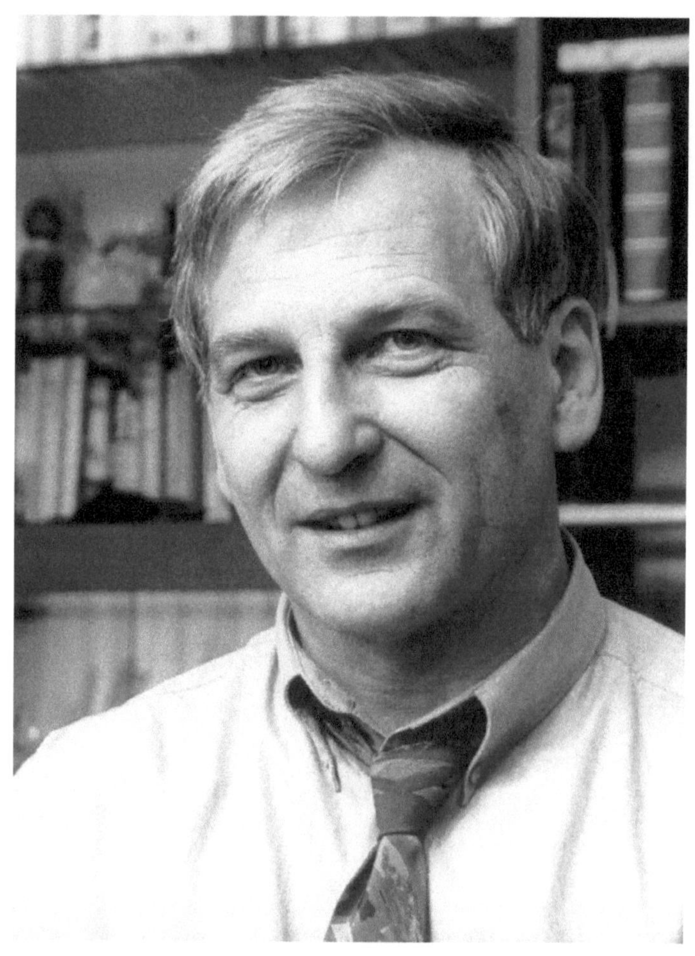

Autor Ernst Probst

Der Autor Ernst Probst

Ernst Probst, geboren am 20. Januar 1946 in Neunburg vorm Wald im bayerischen Regierungsbezirk Oberpfalz, ist Journalist und Wissenschaftsautor. Er arbeitete von 1968 bis 1971 als Redakteur bei den „Nürnberger Nachrichten", von 1971 bis 1973 in der Zentralredaktion des „Ring Nordbayerischer Tageszeitungen" in Bayreuth und von 1973 bis 2001 bei der „Allgemeinen Zeitung", Mainz. In seiner Freizeit schrieb er Artikel für die „Frankfurter Allgemeine Zeitung", „Süddeutsche Zeitung", „Die Welt", „Frankfurter Rundschau", „Neue Zürcher Zeitung", „Tages-Anzeiger", Zürich, „Salzburger Nachrichten", „Die Zeit", „Rheinischer Merkur", „Deutsches Allgemeines Sonntagsblatt", „bild der wissenschaft", „kosmos", „Deutsche Presse-Agentur" (dpa), „Associated Press" (AP) und den „Deutschen Forschungsdienst" (df). Aus seiner Feder stammen die Bücher „Deutschland in der Urzeit" (1986), „Deutschland in der Steinzeit" (1991), „Rekorde der Urzeit" (1992), „Dinosaurier in Deutschland" (1993 zusammen mit Raymund Windolf) und „Deutschland in der Bronzezeit" (1996). Von 2001 bis 2006 betätigte sich Ernst Probst als Buchverleger sowie zeitweise als internationaler Fossilienhändler und Antiquitätenhändler. Insgesamt veröffentlichte er rund 200 Bücher, Taschenbücher, Broschüren und E-Books.

Bücher von Ernst Probst

(Auswahl)

Als Mainz noch nicht am Rhein lag

Annie Oakley
Die Meisterschützin des Wilden Westens

Archaeopteryx. Der Urvogel
aus Bayern

Christl-Marie Schultes. Die erste Fliegerin in Bayern
(zusammen mit Theo Lederer)

Cortés und Malinche. Der spanische Eroberer
und seine indianische Geliebte

Der Europäische Jaguar

Der Mosbacher Löwe
Die riesige Raubkatze aus Wiesbaden

Der Rhein-Elefant
Das Schreckenstier von Eppelsheim

Der Schwarze Peter
Ein Räuber im Hunsrück und Odenwald

Der Ur-Rhein
Rheinhessen vor zehn Millionen Jahren

Deutschland im Eiszeitalter

Deutschland in der Frühbronzezeit

Deutschland in der Mittelbronzezeit

Deutschland in der Spätbronzezeit

Die Aunjetitzer Kultur in Deutschland

Die Straubinger Kultur in Deutschland

Die Singener Gruppe

Die Arbon-Kultur in Deutschland

Die Ries-Gruppe und die Neckar-Gruppe

Die Adlerberg-Kultur

Der Sögel-Wohlde-Kreis

Die nordische Bronzezeit in Deutschland

Die Hügelgräber-Kultur in Deutschland

Die ältere Bronzezeit in Nordrhein-Westfalen

Die Bronzezeit in der Lüneburger Heide

Die Stader Gruppe

Die Oldenburg-emsländische Gruppe

Die Urnenfelder-Kultur in Deutschland

Die ältere Niederrheinische Grabhügel-Kultur

Die Unstrut-Gruppe

Die Helmsdorfer Gruppe

Die Saalemündungs-Gruppe

Die Lausitzer Kultur in Deutschland

Die Dolchzahnkatze Megantereon

Die Dolchzahnkatze Smilodon

Die Säbelzahnkatze Homotherium

Die Säbelzahnkatze Machairodus

Die Schweiz in der Frühbronzezeit

Die Rhône-Kultur in der Westschweiz

Die Arbon-Kultur in der Schweiz

Die Schweiz in der Mittelbronzezeit

Die Schweiz in der Spätbronzezeit

Dinosaurier von A bis K. Von Abelisaurus
bis zu Kritosaurus

Dinosaurier von L bis Z. Von Labocania
bis zu Zupaysaurus

Eiszeitliche Geparde in Deutschland

Eiszeitliche Leoparden in Deutschland

Frauen im Weltall

Hildegard von Bingen. Die deutsche Prophetin

Höhlenlöwen. Raubkatzen
im Eiszeitalter

Julchen Blasius
Die Räuberbraut des Schinderhannes

Katharina II. die Große.
Die Deutsche auf dem Zarenthron

Johann Jakob Kaup
Der große Naturforscher aus Darmstadt

Königinnen der Lüfte in Deutschland

Königinnen der Lüfte in Europa

Königinnen der Lüfte in Amerika

Königinnen der Lüfte von A bis Z

Rund 70 Kurzbiografien berühmter Fliegerinnen,
Ballonfahrerinnen, Luftschifferinnen, Fallschirm-
springerinnen, Astronautinnen und Kosmonautinnen

Königinnen des Films

Königinnen des Tanzes

Königinnen des Theaters

Malende Superfrauen
Meine Worte sind wie die Sterne

Die Entstehung der Rede des Häuptlings Seattle
(zusammen mit Sonja Probst)

Monstern auf der Spur
Wie die Sagen über Drachen, Riesen
und Einhörner entstanden

Neues vom Ur-Rhein
Interview mit dem Geologen und Paläontologen
Dr. Jens Sommer

Österreich in der Frühbronzezeit

Österreich in der Mittelbronzezeit

Österreich in der Spätbronzezeit

Pompadour und Dubarry. Die Mätressen
von Louis XV.

Raub-Dinosaurier von A bis Z.
Mit Zeichnungen von Dmitry Bogdanav
und Nobu Tamura

Rekorde der Urmenschen
Erfindungen, Kunst und Religion

Rekorde der Urzeit
Landschaften, Pflanzen und Tiere

Säbelzahnkatzen. Von Machairodus
bis zu Smilodon

Säbelzahntiger am Ur-Rhein. Machairodus
und Paramachairodus

Superfrauen aus dem Wilden Westen

Superfrauen 1 – Geschichte

Superfrauen 2 – Religion

Superfrauen 3 – Politik

Superfrauen 4 – Wirtschaft und Verkehr

Superfrauen 5 – Wissenschaft

Superfrauen 6 – Medizin

Superfrauen 7 – Film und Theater

Superfrauen 8 – Literatur

Superfrauen 9 – Malerei und Fotografie

Superfrauen 10 – Musik und Tanz

Superfrauen 11 – Feminismus und Familie

Superfrauen 12 – Sport

Superfrauen 13 – Mode und Kosmetik

Superfrauen 14 – Medien und Astrologie

Tony und Bruno Werntgen. Zwei Leben für die Luftfahrt
(zusammen mit Paul Wirtz)

Was ist ein Menhir?
Interview mit dem Mainzer Archäologen
Dr. Detert Zylmann

Weisheiten der Indianer

Wer ist der kleinste Dinosaurier?
Interviews mit dem Wissenschaftsautor Ernst Probst

Wer war der Stammvater der Insekten?
Interview mit dem Stuttgarter Biologen
und Paläontologen Dr. Günther Bechly

Zenobia von Palmyra.
Eine Frau kämpft gegen die Römer

Bestellungen bei: http://www.grin.com